VOYAGE

DE

LEURS MAJESTÉS

ET DE

S. A. LE PRINCE IMPÉRIAL

DANS LA GIRONDE.

10-12 OCTOBRE 1859.

PAR

M. A. DE BRIOLLE,

CHEF DU CABINET DU PRÉFET DE LA GIRONDE.

—o§◦|◦§o—

BORDEAUX,

IMPRIMERIE DE B. COUDERT,
rue Porte-Dijeaux, 43.

—

1859.

VOYAGE

DE

LEURS MAJESTÉS

DANS LA GIRONDE

10-12 Octobre 1859.

———⋗⊙⋖———

BORDEAUX, 9 OCTOBRE 1859.

Depuis plusieurs jours Bordeaux a pris un aspect de fête inaccoutumé, la joie brille sur tous les visages, l'allégresse est dans tous les cœurs.

C'est qu'il va être donné à la cité de posséder notre bien-aimé et glorieux Souverain, son auguste compagne, cette providence des malheureux, et le Prince Impérial, l'espoir du présent et de l'avenir.

En effet, LL. MM., répondant au vœu de la municipalité de Bordeaux et de la commission de l'Exposition nationale organisée dans cette ville par les soins de la Société Philomathique, daignent accorder à la cité l'insigne faveur de s'y arrêter et de lui consacrer près de deux jours.

LL. MM. seront accompagnées de S. A. le Prince Impérial.

Dès que M. de Mentque, notre honorable Préfet, qui avait bien voulu se charger d'aller à Biarritz soumettre à LL. MM. la respectueuse demande de la ville et de la commission de l'Exposition a pu donner l'heureuse nouvelle attendue avec tant d'impatience, tous ont rivalisé de zèle. La ville de Bordeaux qu'on a, à juste titre, nommée le berceau de l'Empire, tient à honneur de rester la ville qui se distingua, entre toutes, lors du voyage du Prince-Président en 1852, et elle s'est mise à l'œuvre pour préparer une réception solennelle digne du vainqueur de Solferino, digne de la ville qui reçut la première le programme de l'Empire, cette ère nouvelle qui a déjà donné à la France tant de gloire et de splendeur.

Le conseil municipal a choisi dans son sein une commission composée de M. Gautier aîné, maire, président; MM. Fauré, Léon et Cayrou, adjoints; Arman, Beaufils, Bonnet, Brochon, Clémenceau, Gout-Desmartres et Noguey, conseillers municipaux.

De son côté, la commission d'Exposition redouble d'efforts pour donner la plus grande solennité à l'auguste visite que doit recevoir notre palais de l'Industrie.

M. Léon (Alex.), président de la Société Philomathique; M. Soulié-Cottineau, secrétaire général, et tous les membres de la commission ont bien mérité de l'industrie nationale, car, grâce à leurs soins, Bordeaux possède actuellement la plus belle Exposition qu'il soit possible d'obtenir en province.

D'immenses préparatifs, des illuminations *à giorno* se dressent de tous côtés, de nombreux arcs de triomphe s'élèvent, des fêtes splendides s'organisent.

Bordeaux est rempli d'étrangers : les chemins de fer, les bateaux à vapeur ne suffisent pas. On vient des départements voisins acclamer l'homme providentiel qui a sauvé la France et l'a faite la première des nations dans la paix comme dans la guerre ; tous veulent saluer notre gracieuse Souveraine que jamais le malheur n'implora en vain ; chacun veut contempler les traits du jeune Prince, rejeton d'une vaillante race, l'espoir de nos jeunes générations.

Le nombre des étrangers déjà arrivés à Bordeaux est très considérable, et cependant on nous assure que ce n'est là qu'une bien faible partie de la population qui saluera demain l'entrée de Leurs Majestés. On nous parle de nombreuses députations qui se forment de toutes parts ; de communes entières qui viendront avec leurs orphéons, leurs Sociétés de secours mutuels, leurs vieux militaires médaillés de Sainte-Hélène, se porter, bannière en tête, au devant de l'Empereur ; des trains de plaisir, organisés par les Compagnies de chemins de fer et les bateaux à vapeur, doivent verser dans notre magnifique cité de nombreux flots de visiteurs.

C'est qu'aussi l'entrée de Leurs Majestés Impériales à Bordeaux sera la plus solennelle qui ait eu lieu en province. Un nombreux détachement de cent-gardes, commandés par deux officiers pour l'escorte de Leurs Majestés, sont déjà arrivés dans nos murs, et leurs brillants uniformes et leur magnifique tenue attirent tous les regards.

Le chemin de fer d'Orléans nous a aussi amené de Paris 25 voitures de la cour, dont cinq de gala et six calèches à la Daumont. Cent dix chevaux des écuries de l'Empereur sont également arrivés à Bordeaux.

Déjà Son Excellence M. le maréchal Niel, commandant supérieur du 6ᵉ arrondissement militaire, est dans notre ville, avec son état-major.

La proclamation suivante de M. Gautier aîné, maire de Bordeaux, vient d'être affichée :

Habitants de Bordeaux,

LL. MM. l'Empereur et l'Impératrice et S. A. le Prince Impérial arriveront dans nos murs lundi prochain 10 du courant, à cinq heures du soir, et y séjourneront jusqu'à mercredi matin.

L'Empereur, qu'une gloire nouvelle grandit encore aux yeux de l'Europe et du monde, revient visiter notre sympathique cité ; vos enthousiastes acclamations, je n'en saurais douter, prouveront à la Famille Impériale que vos cœurs sont toujours remplis de reconnaissance et de dévoûment.

Nous sommes sûrs que la population entière répondra avec bonheur à cet appel.

Voici l'itinéraire que doivent suivre Leurs Majestés et l'indication des décorations qui se trouvent sur le parcours :

Leurs Majestés arriveront vers six heures, par la gare Saint-Jean, dans le train impérial de la Compagnie du Midi ;

Elles suivront :

La rue des Terres-de-Bordes,

Les quais,

Le cours Napoléon,

La place Pey-Berlan,

Et la place de l'Hôtel-de-Ville.

La gare Saint-Jean a reçu une splendide décoration et Leurs Majestés, nous assure-t-on, descendront de wagon sous un riche dais. — Des mâts vénitiens, des drapeaux, des guirlandes de feuillages se mêleront à de nombreux appareils de lumière électrique qui donneront à cette réception un caractère vraiment féérique.

Le son de la grosse cloche, du bourdon de la cathédrale et de toutes les cloches des paroisses de la ville, annoncera l'entrée de Leurs Majestés. Tous les édifices publics, toutes les maisons particulières situés sur le parcours, seront pavoisés et illuminés. Des feux de Bengale seront disposés de distance en distance.

A côté de la porte de la Monnaie, se dresse un charmant arc-de-triomphe entièrement composé de mousse, de fleurs, de feuillage et d'attributs maritimes.

Il est dédié à Napoléon III.

M. Lagrange, jardinier, est chargé de sa décoration.

Le sommet de l'édifice est un treillis tout enguirlandé de fleurs et de feuillage ; d'un brillant écusson qui en forme le milieu surgit une poulaine de navire avec sa mâture.

Sur des socles élevés au pied de l'arc-de-triomphe se trouvent des trophées composés entièrement de pavillons, de gaffes, d'avirons et d'attributs maritimes. C'est à partir de ce point sur les terre-pleins qui avoisinent le pont que seront groupées les nombreuses députations des communes.

Toutes les voies que doit parcourir le cortége, depuis la gare Saint-Jean jusqu'à la Mairie, ont reçu une décoration uniforme : elle consiste en des mâts vénitiens supportant des oriflammes de couleurs variées et des trophées composés d'écussons aux chiffres de Napoléon et d'Eugénie.

La porte Bourgogne a été convertie en un magnifique arc-de-triomphe; elle est surmontée d'un aigle colossal aux ailes éployées, en pierre. On lit sur le fronton, en lettres d'or, l'inscription suivante : « *A Napoléon III!* » — Des deux côtés de cette inscription, aux angles du monument, sont placées les lettres E. N. en or dans des cartouches entourés de lauriers et de chêne et surmontés de la couronne impériale.

Des piédestaux adossés contre les colonnes de la porte supportent de riches trophées; sur une boule d'azur en relief, semée d'étoiles d'or, entourée du manteau impérial soutenu par le sceptre et la main de justice, s'essore l'aigle impérial; du haut de ces trophées se détachent en lettres d'or les noms de Solférino et de Magenta.

La décoration de l'arc-de-triomphe maritime, celles de la porte Bourgogne comme d'ailleurs, la plupart de toutes celles que nous aurons à décrire, sont dues à M. Jules Salesses, peintre des théâtres et de la ville de Bordeaux et entrepreneur général des fêtes de la cité.

M. Fauré, adjoint au maire, s'est spécialement occupé de toutes les fêtes extérieures.

A huit heures du soir, des spectacles gratuits seront offerts à la population au Théâtre-Français et à celui des Folies-Bordelaises.

A la même heure, des orchestres seront établis sur les quais, la place de la Bourse et la place Richelieu, qui seront brillamment illuminés.

Des danses populaires y auront lieu.
Tel est le programme de la fête de lundi.

BORDEAUX, 10 OCTOBRE 1598.

C'est ce soir que LL. MM. Impériales doivent
arriver à Bordeaux.

Déjà une foule immense a pris position sur les
voies que doit parcourir le cortége impérial.

De nombreuses députations commencent à arriver de tous les points du département.

L'impatience se lit sur tous les visages, il
tarde à tous de saluer l'élu de la France, le glorieux vainqueur de Solferino, le généreux pa-
cificateur de Villafranca.

Tout fait présumer que l'enthousiasme sera
aussi grand que la réception préparée par la
ville de Bordeaux sera splendide.

La ville prend d'heure en heure un aspect
nouveau. A voir la magnificence des préparatifs, l'activité du mouvement, le rayonnement
des physionomies, on pressent que la soirée de
ce jour 10 octobre 1859, marquera d'une façon
éclatante dans les annales de la cité et du pays.

Au moment de partir pour Lamothe, où Leurs
Majestés seront parvenues vers une heure et
demie et d'où elles se rendront à Arcachon
pour faire leur entrée solennelle à Bordeaux
vers six heures, nous allons faire connaître à
nos lecteurs les dispositions qui ont été prises
pour la décoration de notre Hôtel-de-Ville.

Le palais municipal, qui va avoir encore une
fois l'honneur de recevoir nos augustes hôtes,
a été splendidement décoré et meublé, et on ne
lira pas sans intérêt les détails que nous don-

nons ici de l'ameublement des appartements qui y ont été disposés pour LL. MM. II.

La cour d'honneur sera brillamment éclairée; d'élégants candélabres à gaz ont été placés devant la marquise qui abrite le perron, qui sera entièrement garni de fleurs.

Tous les appartements du rez-de-chaussée sont réservés à la famille impériale.

On n'a pas touché à la belle salle d'armes établie dans le grand vestibule d'entrée. Son aspect, sévère et guerrier, contraste agréablement avec le délicieux salon de verdure qui la suit.

Toutes les pièces communiquent entre elles par des portières en damas cramoisi surmontées d'aigles, d'étoiles d'or, de couronnes impériales et du chiffre de Leurs Majestés. La salle qui fait suite au vestibule, et dans laquelle on remarque un très beau portrait équestre du général Bonaparte traversant la mer Rouge, par Tabar, a été transformée en antichambre. Les arbustes et les fleurs qu'on y a placés à profusion, les candélabres et les lampes qui surgissent de leurs massifs sont de l'effet le plus pittoresque.

Le salon d'honneur, où auront lieu les réceptions, étincelle de satin, de velours et d'or. On y remarque quatre énormes candélabres dorés et un superbe lustre Louis XVI qui porte plus de trois cents bougies dont les feux sont reflétés par des milliers de pendantifs de cristal.

On a placé dans cette pièce un écran de foyer, ouvrage offert à Sa Majesté par les élèves de l'intitution impériale des Sourds-Muets de Bordeaux : sur un fond de velours vert se détachent en or l'aigle impérial et le chiffre de Sa Majesté.

Vient après un salon richement meublé réservé aux aides-de-camp de Sa Majesté. Au milieu de ce salon l'on voit la charmante statuette de Mme Lefebvre-Deumier, représentant S. M. l'Impératrice à genoux, à Notre-Dame, recevant la bénédiction nuptiale.

La chambre de S. M. l'Empereur est d'un goût sévère. C'est là que se trouve le précieux legs fait par le général Bertrand à la ville de Bordeaux, en souvenir de l'accueil si cordial qu'il reçut à sa dernière visite dans cette cité. Un volume de l'histoire des batailles annoté en entier de la main de Napoléon Ier, une croix d'officier de la Légion-d'Honneur portée par le grand homme, une aigle provenant de la vaisselle brisée à Sainte-Hélène et vendue par les ordres de l'Empereur, un couteau à manche d'argent, etc.

Ces objets sont conservés dans un monument vitré, en marbre vert, surmonté du buste de l'Empereur en marbre par Canova, et entouré d'une draperie en velours cramoisi semé d'abeilles d'or.

A côté de ce monument, on a eu l'ingénieuse idée de placer le magnifique berceau offert par la ville de Bordeaux pour le Prince Impérial, lorsque Son Altesse s'arrêta pour la première fois dans notre ville. A côté des souvenirs du fondateur de la glorieuse dynastie, l'espoir de son avenir.

Le cabinet de travail de l'Empereur sépare son appartement de celui de S. M. l'Impératrice.

M. Duclos, l'habile conservateur de notre musée des tableaux, a eu la délicate pensée de réunir dans la chambre de notre gracieuse souveraine nos plus précieuses toiles :

Deux Titien, un Pérugin, une Sainte Famille d'André del Sarto, une de Vasari, trois Paul Véronèse, un beau portrait par la fille du Tintoret Maria Tintoretta, un portrait de Lavigna Fontana (toile inestimable; les œuvres de ce peintre sont d'une excessive rareté); la Vierge et l'enfant Jésus de Pietro di Cortonne, un Calvaire de Franck.

Ajoutez à ces merveilleuses toiles une magnifique tapisserie des Gobelins, reproduisant la Vierge à la chaise, de Raphaël; un très beau Christ surmontant un prie-Dieu, un ameublement splendide en bois doré Louis XV, des glaces de Venise de dimensions colossales, et vous aurez encore une faible idée des belles choses que l'on a réunies dans la chambre de S. M. l'Impératrice.

Derrière cette chambre se trouve un charmant boudoir, blanc et or, tendu de mousseline relevée de nœuds de satin bleu. On y remarque deux beaux portraits de Maës (école flamande, 1630) et une garniture de cheminée Louis XV en or et porcelaine de Saxe.

La chambre de S. A. le Prince Impérial n'est séparée que par le boudoir dont il vient d'être question de l'appartement de Sa Majesté l'Impératrice; un semis de fleurs blanches sur fond d'azur forme le plafond de la chambre du jeune Prince, dont le chiffre se lit à chacun des angles.

Ce plafond, qui est très élégant dans sa simplicité, est encore dû à M. Salesses.

L'appartement, blanc et or, est tendu de perse capitonnée.

En revenant sur nos pas et après avoir traversé toutes les pièces de l'appartement impérial, de l'autre côté du salon de verdure, nous trouvons la salle à manger où aura lieu ce soir le dîner auquel Leurs Majestés ont daigné convier les principales autorités du département et de la ville.

Nous craignons de tomber dans des redites en exprimant que là encore il y a de merveilleuses richesses : porcelaines de Chine et du Japon, argenterie, cristaux, fleurs, tout est splendide.

La disposition des décors des appartements est due au bon goût de M. Fournier, tapissier de la ville.

M. Alc. Cayrou, adjoint au maire, a dirigé lui-même tous les travaux.

LAMOTHE, 10 OCTOBRE, 1 HEURE DU SOIR.

Nous sommes partis ce matin de Bordeaux avec un temps déplorable : il pleut à torrents ; la ville est dans la désolation de ne pouvoir donner à l'entrée de Leurs Majestés Impériales toute la solennité qu'elle avait préparée. C'est avec des raffales de vents épouvantables et une pluie continuelle que nous sommes arrivés à Lamothe.

La gare de Lamothe est une des stations importantes des Chemins de fer du Midi. C'est là que la ligne partant de Bordeaux se biffurque sur Bayonne et sur Arcachon.

C'est à cette gare, limite extrême de la Gironde, que M. de Mentque, préfet du département, est venu attendre le train impérial.

M. le préfet était accompagné de MM. le baron Travot, Arman, le baron David, députés de

la Gironde au Corps-Législatif, en uniforme ;
M. Droëling, ingénieur en chef du département,
et de M. Briolle, chef du cabinet. Quelques conseillers généraux qui se sont trouvés spontané-
ment à la gare, et parmi lesquels nous avons remarqué M. Danglade, maire de Libourne, M.
Lacaze, et M. Dussaut, maire du Puch, se sont
joints à M. le préfet, ainsi que M. de Chabrier,
conseiller à la cour des comptes, que S. M. l'Empereur veut bien honorer d'une bienveillance
particulière, et M. Livet, rédacteur du *Moniteur
universel.*

ARCACHON, 2 HEURES DU SOIR.

Leurs Majestés sont arrivées à Lamothe au
milieu d'une bourrasque épouvantable, et après
quelques mots qu'elles ont daigné adresser à
M. le le préfet, qui, avec les personnes qui l'accompagnaient, a pris place dans le train impérial, on s'est dirigé sur Arcachon.

Malgré le mauvais temps, toutes les populations qui avoisinent la ligne des chemins de fer
s'étaient portées à la rencontre de Leurs Majestés pour les acclamer.

A une heure quarante-cinq minutes, Leurs
Majestés sont arrivées en gare d'Arcachon.

L'Empereur était en uniforme de général de
division avec le grand cordon de la Légion-
d'Honneur. S. M. l'Impératrice avait une toi-
lette de voyage d'une simplicité charmante et
tenait par la main S. A. le Prince Impérial.

Leurs Majestés étaient accompagnées de M.
le marquis de Toulongeon, aide-de-camp de Sa
Majesté ; de M. le comte Tascher de la Pagerie,
chambellan de l'Impératrice ; de M. le comte de
Riencourt, chambellan de l'Empereur ; de M. le
marquis de Cadore, capitaine de frégate et offi-

cier d'ordonnance de l'Empereur ; de M. le marquis de Lagrange, écuyer de S. M. l'Impératrice ; de M. le docteur Barthez, médecin de S. A. le Prince Impérial ; de Mme la comtesse de La Poëze, de Mme de la Bedoyère, dames du palais, et de Mme de Branciou, sous-gouvernante des Enfants de France.

M. Emile Pereire, directeur général de la Compagnie du Midi, M. Bertin, membre du comité d'administration de la Compagnie, M. Surrell, ingénieur en chef, et quelques autres employés supérieurs de la ligne se trouvaient également dans le train impérial.

La gare d'Arcachon avait reçu une décoration splendide ; un magnifique dais pourpre et or conduisait à un très beau salon orné de fleurs.

LL. MM. ont été reçues à leur arrivée par M. Lamarquè de Plaisance, maire d'Arcachon, entouré de son conseil municipal ; de M. Hameau, maire de La Teste ; de M. Jonhston, conseiller général ; M. Méran, juge de paix ; M. Pageot des Noutières, commissaire général de la marine, des officiers des deux navires de l'Etat, en station dans le bassin d'Arcachon, des fonctionnaires du canton, etc., etc.

Mme la maréchale de Saint-Arnaud et Mme de Tartas, étaient venues à la gare saluer Sa Majesté l'Impératrice.

M. Javal, député et conseiller général de la Gironde en uniforme, et M. Costes, membre de l'Institut, qui fait actuellement d'intéressantes études de pisciculture à Arcachon, se trouvaient également à l'arrivée de Leurs Majestés.

L'étranger qui voit pour la première fois la charmante ville d'Arcachon avec ses châlets pittoresques, ses côtages, ses châteaux-renais-

sance, ses maisons à l'italienne, ses mille cons-
tructions de toutes formes, sa magnifique église
en construction ne se douterait guère qu'il y a
quelques années à peine, on ne comptait là que
de rares cabanes de pêcheurs. — C'est que la
naissante ville, grâce à l'énergie et au dévoûment sans bornes de son honorable maire, M.
Lamarque de Plaisance, justifie de plus en plus
la devise qu'elle a adoptée : *Heri solitudo, hodiè
vicus, cras civitas* : — La solitude a disparu il y
a longtemps, et le village a promptement fait
place à la ville. Des rues nouvelles s'ouvrent
tous les jours, les points saillans des dunes dans
la forêt se garnissent de maisons ; l'antique et
vénérée chapelle est enclavée dans une magnifique église qu'élève M. Alaux, — un nom célèbre dans les arts, — un hôtel-de-ville, des voies
éclairées au gaz, que sais-je ! enfin toutes les
commodités de la ville, là ou naguère on ne
voyait que du sable et des pins.

Disons aussi que le bassin d'Arcachon, avec
sa plage si merveilleusement unie, et la splendide forêt aux odeurs balsamiques qui lui fait
une couronne, offre aux baigneurs les meilleu-
res conditions de santé et de bien-être.

Telle est la cité naissante qui a l'honneur de
recevoir aujourd'hui l'auguste visite de Leurs
Majestés Impériales.

Quoique cette visite ne soit pas officielle, Arcachon a préparé à Leurs Majestés une réception qui marquera dans les annales de la jeune
cité. Tout le parcours que doit suivre l'Empereur est garni de drapeaux, de banderolles , de
guirlandes et de fleurs. Il n'y a pas une maison
qui n'ait son drapeau et sa décoration spéciale.

Le côté de la plage est aussi élégamment décoré. Toutes les embarcations du bassin, au nombre de six à sept cents, toutes pavoisées, se sont réunies pour faire escorte au yacht qui devaient porter Leurs Majestés dans leur promenade sur le bassin.

Malheureusement, le mauvais temps, qui ne cesse pas, ne permet pas d'exécuter cette partie du programme, et l'Empereur annonce que, ne pouvant visiter, comme il l'avait projeté, le bassin d'Arcachon, il se rendra, avec S. M. l'Impératrice, à la chapelle.

Aussitôt, tout le cortége se met en marche aux détonations de salves d'artillerie, bientôt répétées par les canons des bâtiments que l'on aperçoit tout pavoisés au milieu de la mer en furie.

Leurs Majestés montent dans une voiture fermée attelée de quatre chevaux blancs, et précédées de piqueurs et de gendarmes en grande tenue, se dirigent vers la chapelle vénérée de la Madone d'Arcachon.

Pendant ce temps, S. A. le Prince Impérial était conduit chez Mme la Maréchale de Saint-Arnaud, où un déjeûner avait été préparé pour Leurs Majestés.

Le peloton des douaniers est impuissant pour maintenir la population avide de contempler les traits de Leurs Majestés, et les saluer de ses enthousiastes acclamations.

La nombreuse Société de secours mutuels de Notre-Dame d'Arcachon, composée exclusivement de marins, et dont tous les membres, groupés autour de la bannière de la Société, portent chacun un pavillon national, suit au pas de course la voiture impériale; les membres des députations des communes landaises, mon-

tés sur leurs échasses, les hommes revêtus de leurs peaux de mouton, les femmes de la jupe de laine rouge, de la robe courte noire et du chapeau de paille, tous portant la houlette pastorale enrubannée et rehaussée par un bouquet de fleurs, exécutent des danses bizarres au son du fifre pastoral.

Leurs Majestés ont été reçues, à l'entrée de la Chapelle, sous un dais porté par quatre conseillers municipaux d'Arcachon, et ont assisté à la bénédiction du Saint-Sacrement.

Pendant la cérémonie religieuse, où M. Mouls, curé d'Arcachon, officiait, l'orphéon de la Bastide, sous la direction de M. Lizé, et la fanfare dirigée par M. Bernard Vernis, de Bordeaux, ont exécuté divers morceaux.

Après cette cérémonie, Leurs Majesté ont rejoint S. A. le Prince Impérial dans la délicieuse villa de Mme la Maréchale de Saint-Arnaud, où un déjeûner leur a été offert.

Là, Sa Majesté l'Empereur a daigné féliciter M. Lamarque de Plaisance, maire d'Arcachon, sur le développement merveilleux qu'il a su donner en si peu de temps, à cette commune. M. le maire a témoigné respectueusement à l'Empereur toute sa reconnaissance, et lui a exprimé combien il avait été puissamment aidé dans son œuvre par le respectable abbé Mouls, curé d'Arcachon.

Quelques instants après, Sa Majesté annonçait au digne ecclésiastique qu'il le faisait chevalier de la Légion-d'Honneur.

L'Empereur a accordé également la même distinction à un officier de timonnerie de l'aviso l'*Australie*, déjà décoré de plusieurs médailles. Cet officier, étranger d'origine, nous a, dit-on, été blessé au service de la France.

Sa Majesté a donné une somme de mille francs à M. le maire pour la Société de secours mutuels de Notre-Dame d'Arcachon.

La visite de l'Empereur à Arcachon marquera, avons-nous dit, dans les annales de la cité naissante. — Sa Majesté, on le sait, aime à rattacher le souvenir de ses visites à quelques grands travaux à exécuter, et Elle ne manque jamais, avant de venir dans une localité, de s'enquérir du bien qu'il peut y avoir à y faire. C'est ainsi qu'à Arcachon, Sa Majesté s'est fait rendre compte de l'état du bassin et de l'amélioration qu'il serait possible d'apporter à son entrée.

Le bassin d'Arcachon a une superficie de 15,259 hectares à mer haute, et de 4,567 à mer basse. — On évalue qu'il pourrait contenir 21 vaisseaux de premier rang et plus de 7,000 navires de moindres dimensions.

Les vents d'ouest et de nord-ouest qui règnent pendant les tempêtes dans le golfe de Gascogne, jettent les navires à la côte : un refuge dans le bassin d'Arcachon leur serait du plus efficace secours.

Mais dans l'état actuel des choses, peu de navires tentent d'y entrer, parce que la côte est tellement uniforme qu'on aperçoit trop tard l'embouchure du bassin, et qu'elle présente, pendant les tempêtes, si fréquentes dans le golfe de Gascogne, de grandes difficultés, à cause des modifications continuelles qu'éprouve la passe ouverte dans la barre qui ferme cette entrée.

On remédie en ce moment au premier des inconvénients que nous venons de signaler, par l'établissement d'un système de phares répartis sur la côte.

Quant aux variations de la passe, il est très

difficile de les faire cesser. En effet, de 1807 à
1825, la passe était tournée vers le Sud, et sa
profondeur n'était que de 4 mètres : dans cette
position, l'entrée était impossible aux navires.
— Depuis 1825, elle est tournée vers l'Ouest ou
le Nord-Ouest, et sa profondeur varie de 7 à 8
mètres ; — avant 1807, elle avait la même profondeur qu'actuellement.

Outre ces variations radicales à de longs in-
tervalles, chaque tempête en produit de beaucoup moins sensibles.

Il importe donc de maintenir la passe dans la
direction qu'elle occupe : seule position où elle
puisse être franchie.

Déjà l'affaire a été étudiée avec le plus grand
soin par MM. les ingénieurs. Un avant-projet de
travaux a été soumis à l'approbation de S. Exc.
M. le Ministre de l'Agriculture, du Commerce et
des Travaux publics consistant pour la majeure
partie, dans la défense de la rive sud du bassin,
sur une longueur de 5,300 mètres, dans la construction d'une jetée au sud de l'entrée, sur une
longueur de 5,375 mètres et dans l'établissement d'une seconde jetée au nord, sur une longueur de 2,000 mètres.

Ces travaux gigantesques coûteraient 11 millions de francs.

Son Excellence a prescrit de dresser un projet définitif qui est actuellement soumis à l'ap-
préciation du conseil général des ponts et chaussée, pour une partie de ces travaux de défense,
sur une longueur de 1,715 mètres. — Les travaux projetés donneront lieu à une dépense de
7 millions.

Tels sont les immenses travaux à exécuter dont
S. M. a voulu se rendre compte par Elle même.

La pluie et la tempête qui règne sur le bassin n'ont pas permis à l'Empereur de le visiter, comme S. M. l'avait projeté ; mais Elle a daigné écouter les observations de M. le Préfet, de M. le Commissaire Général de la marine, M. Droëling, ingénieur en chef des ponts et chaussées, de MM. le baron Travot et Arman, députés, et le jour n'est peut-être pas bien éloigné où les pêcheurs du bassin, si souvent victimes de la tempête, et toute la marine du globe auront à bénir l'Empereur de leur avoir donné un immense port de refuge contre les fureurs de l'Océan.

A trois heures, Leurs Majestés sont remontées dans le train impérial, aux cris mille fois répétés de : *Vive l'Empereur! Vive l'Impératrice! Vive le Prince Impérial!*

BORDEAUX, 10 HEURES DU SOIR.

Le temps s'est un peu amélioré, et lorsque le train Impérial est entré en gare de Bordeaux, à cinq heures, la pluie avait cessé.

Les abords de la gare étaient ornés d'écussons et d'oriflammes et une foule immense l'assiégeait.

Leurs Majestés sont descendues avec S. A. le Prince Impérial dans un très beau salon, où Elles ont été reçues par M. le maire de Bordeaux, entouré de son conseil municipal; S. Exc. M. le maréchal Niel, commandant supérieur du 6ᵉ arrondissement militaire; M. Hubert Delisle, sénateur; M. Gustave Curé, député; M. Denjoy, conseiller d'Etat; M. le général de Tartas, commandant la 14ᵉ division; M. de la Seiglière, premier président de la cour impériale; M. Raoul Duval, procureur général; M. le Président de la Chambre de Commerce; M. Dutrey, recteur de l'académie; M. Le Cauchois-Ferrand, intendant militaire; MM. les directeurs et chefs de service des principales administrations.

Tous les fonctionnaires étaient en grande tenue officielle.

Le conseil général de la Gironde attendait également Leurs Majestés, ainsi que le conseil d'arrondissement de Bordeaux.

Plusieurs dames de distinction, parmi lesquelles nous avons remarqué MM^{mes} de Mentque, Durand-Fornas, Le Cauchois-Ferraud, la vicomtesse de Borrelli étaient venues présenter leurs hommages respectueux à S. M. l'Impératrice.

M. le maire de Bordeaux a adressé à Sa Majesté le discours suivant :

« SIRE, MADAME,

» Permettez-moi d'arrêter un moment Vos Majestés Impériales pour vous exprimer, au nom de la cité tout entière, la joie que nous éprouvons du séjour que vous voulez bien faire parmi nous.

» Depuis quelques mois de grands événements ont répandu sur vos fronts un nouvel éclat.

» Vous avez acquis, Sire, au milieu de votre irrésistible armée, cette gloire des armes dont la France est idolâtre.

» Vous, Madame, sous votre ineffable bonté, en gouvernant l'Empire, vous avez laissé voir la sagesse, la fermeté et la grandeur de votre âme.

» Montrez-vous donc à ce peuple impatient de vous contempler.

» En voyant Vos Augustes Majestés, il accla-
mera la fermeté et la grandeur présentes de la
patrie.

» En voyant votre bien-aimé fils, il aura foi
dans la gloire et dans la prospérité de l'a-
venir. »

Sa Majesté à répondu quelques mots à l'honorable M. Gautier et le signal du départ a été
donné :

Le cortége impérial s'est mis en marche dans
l'ordre suivant :

Dix piqueurs en grande tenue de gala ;
M. Chauvin, commissaire central, à cheval ;
Un piquet de gendarmerie ;
Un piquet de hussards ;
Un piquet de cent-gardes ;
LL. MM. l'Empereur et l'Impératrice en voi-
ture fermée à la Daumont; à la portière de droi-
te, à cheval, M. le général de Tartas ; à celle de
gauche, M. le marquis de la Grange, écuyer ;
S. A. le Prince Impérial, en voiture fermée à
la Daumont, aux portières le capitaine des cent-
gardes et un officier de hussards ;
Cinq piqueurs ;
Un piquet du 8e hussards ;
Puis les voitures de la cour, de M. le préfet et
des autres autorités.

Le cortége a successivement parcouru la rue
des Terres-de-Bordes, les quais, le cours Napoléon, la place Bey-Berland et celle de l'Hôtel-
de-Ville.

Une foule immense se pressait sur le passage
de Leurs Majestés et faisait retentir l'air des
plus chaleureuses acclamations. Malgré le temps
horrible qui a duré toute la journée, des dépu-

tations étaient venues des communes les plus
éloignées du département.

Les communes de chaque arrondissement sont
réunies ensemble, et chaque députation, grou-
pée autour de son drapeau, a à sa tête son maire
et son adjoint ceints de leurs écharpes. — Des
sociétés de secours mutuels avec leurs bannières,
des orphéons, des corps de musique, des médaillés de Sainte-Hélène sont accourus pour saluer de leurs plus vives acclamations Leurs Majestés Impériales.

Beaucoup d'ecclésiastiques s'étaient joints aux
autorités de leurs paroisses et figuraient dans
les députations.

Nous remarquons les compagnies de sapeurs-
pompiers de Libourne, Castillon, etc., etc., la
Société des sauveteurs médaillés du département
au grand complet.

Toutes les maisons du parcours sont pavoisées, les fenêtres, les balcons, les terrasses des
maisons sont encombrées de spectateurs. Que
serait-ce donc si le temps eût été favorable !

Etaient rangés devant l'hospice des Enfants-
Trouvés, tous les enfants de cet établissement,
sous la surveillance des sœurs ; leurs jeunes
voix se sont unies aux cris de la foule pour acclamer nos augustes hôtes et le jeune Prince,
héritier de tant de gloires, dont la petite main
envoyait de gracieux baisers.

Les chantiers de M. Arman étaient décorés
avec un goût parfait ; une aigle aux ailes
éployées surmontait la porte d'entrée, et des
drapeaux tricolores agitaient aux vents leurs
couleurs glorieuses.

A l'apparition du cortége impérial, un immense acclamation s'est élevée, les mouchoirs

se sont agités, et les cris de : *Vive l'Empereur !
vive l'Impératrice ! vive le Prince Impérial !* ont
été mille fois répétés.

Lorsque le cortége est entré dans la cour
d'honneur du palais municipal où étaient rangés
un piquet du 38e de ligne et le bataillon de sapeurs-pompiers avec leurs musiques, l'air de la
Reine-Hortense s'est fait entendre ; tout le monde a pu remarquer que Sa Majesté a paru touché de cette attention et que le Prince Impérial
a remercié très gracieusement.

Ce soir à sept heures et demie, un dîner de
quarante couverts a eu lieu à la Mairie.

Outre les personnes de leur suite, LL. MM.
ont daigné y inviter :

Son Eminence Mgr le cardinal Donnet, archevêque de Bordeaux ;

S. Exc. M. le maréchal Niel ;

M. le général de Tartas ;

M. de La Seiglière, premier-président de la
cour impériale de Bordeaux ;

M. E. de Mentque, préfet de la Gironde ;

M. Raoul-Duval, procureur général près la
cour impériale de Bordeaux ;

M. Le Cauchois-Ferraud, intendant militaire ;

M. Pageot des Noutières, commissaire général de marine ;

M. Gautier aîné, maire de Bordeaux ;

M. Dutrey, recteur de l'académie ;

M. Basse, vice-prés. de la chambre de commerce.

(L'honorable M. Duffour-Dubergier est retenu
chez lui par une cruelle maladie.)

M. le marquis de La Grange, sénateur ;

M. Hubert-Delisle, sénateur ;

M. le baron Travot, député ;

M. Arman,
M. Gustave Curé, } députés ;
M. le baron David,

M. Denjoy, conseiller d'Etat ;

M. Gignoux, vicaire général ;

M. le premier aide-de-camp du maréchal Niel ;

M. Emile Pereire, directeur de la Compagnie des chemins de fer du Midi ;

M. Fontenilliat, receveur général des finances du département;

M. Alex. Léon, président de l'Exposition des produits de l'industrie ;

M. Tresca, président du jury de l'Exposition;

M. Gellibert, président du tribunal civil ;

M. le général de Brancion.

Dans la soirée, la Société chorale de Sainte-Cécile, sous l'habile direction de M. Mézeray, chef d'orchestre du Grand-Théâtre et vice-président de cette Société a eu l'honneur de chanter devant Leurs Majestés plusieurs morceaux :

La Cigale et la Fourmi, de Gounod, et la *Noce villageoise*, de Laurent de Rillé ont été admirablement exécutés et Leurs Majestés ont daigné en témoigner toute leur satisfaction.

—

Le temps a contrarié entièrement les illuminations et empêché les bals populaires d'avoir lieu.

Des spectacles gratuits ont été donnés au Théâtre-Français et à celui des Folies-Bordelaises.

BORDEAUX, 12 OCTOBRE.

La journée d'hier marquera à jamais dans les fastes de Bordeaux. Jamais un enthousiasme aussi grand ne s'est manifesté; jamais souverain n'a été acclamé avec plus d'élan; jamais fêtes plus magnifiques n'ont été offertes.

Le ciel s'est rasséréné et le soleil est venu donner une nouvelle splendeur aux fêtes de Bordeaux ; tout respire le bonheur et la joie. Dès l'aube du jour, le bourdon de la ville s'est fait entendre, et une foule immense a commencé à sillonner les rues et à se porter sur tous les points que doit parcourir le cortége impérial ; de nouveaux arcs de triomphe, des mâts vénitiens se dressent de tous côtés ; chaque maison arbore son drapeau, il n'y a pas jusqu'à la moindre voiture publique qui n'ait le sien.

RÉCEPTIONS A LA MAIRIE

A onze heures, Leurs Majestés ont reçu les fonctionnaires et les corps du département.

Nous avons remarqué la cour impériale en robe rouge, les facultés en robes, les consuls de toutes les puissances étrangères.

A la réception de la municipalité de Bordeaux, S. M. l'Empereur a daigné adresser des paroles très bienveillantes au Maire et au conseil municipal, et a remis à M. Samazeuilh, premier adjoint, membre du conseil municipal depuis vingt-deux ans, sans interruption, et membre du conseil général, la croix d'officier de la Légion d'Honneur.

Une immense colonne d'anciens soldats de l'Empire, médaillés de Sainte Hélène, a eu l'honneur d'être reçue par Leurs Majestés. Ces glorieux vétérans des luttes historiques du premier Empire ont acclamé de la façon la plus chaleureuse l'Empereur, l'Impératrice et le Prince Impérial. — A les voir si alertes et le visage rayonnant de joie, on dirait qu'ils ont retrouvé en ce beau jour toute l'ardeur de leur jeunesse.

Voici l'adresse présentée à LL. MM. l'Empereur et l'Impératrice par les médaillés de Ste-Hélène :

    « SIRE,

» Les vétérans de la vieille armée, de la cité fidèle, réunis en Société de Secours Mutuels, avec l'approbation de M. le préfet, vous présentent leurs hommages respectueux, par l'organe des membres fondateurs de leur association.

» Ces vieux héros viennent très respectueusement près de Vos Majestés solliciter l'insigne honneur de votre haut patronage pour leur Société, et celui non moins grand, de compter S. A. le Prince Impérial au nombre de leurs membres honoraires.

» Permettez-leur, Sire, de lui dédier ce noble drapeau, emblème de la gloire que l'Europe a vu flotter dans ses capitales.

» Puissent, Sire, leurs souhaits être accomplis et qu'à la postérité, la dynastie des Napoléons, dont nous avons aidé à doter la terre, soit le bonheur des peuples et du monde entier. »

Les maires du département, qui s'étaient rendus en foule, hier, pour l'entrée solennelle de Leurs Majestés, ont eu l'honneur d'être reçus par elles.

Sur la proposition de M. le préfet, l'Empereur a donné la croix de la Légion-d'Honneur à l'un d'eux, M. le baron de Briançon, maire de Margueron depuis 1842.

L'Empereur a aussi accordé la même distinction à M. Panckouke, payeur général du Trésor.

Lors de la reception des autorités militaires, l'Empereur a daigné, sur la proposition de M. le général de Tartas, approuvée par S. Exc. M. le maréchal Niel, nommer dans l'ordre impérial de la Légion-d'Honneur :

1° *Au grade de commandeur* :

M. le général de brigade Danner, commandant la 4e subdivision de la 14e division militaire à Périgueux (trente-quatre ans de service, douze campagnes, deux blessures).

M. le docteur Philippe, médecin principal de 1re classe en chef à l'hôpital militaire de Bordeaux (trente-six ans de service, quinze campagnes).

2° *Au grade d'officier* :

M. Saint-Marc, chef d'escadron, commandant la compagnie de gendarmerie de la Gironde (trente-sept ans de service, deux campagnes).

M. Suibac, major du 8e de hussards (vingt-huit ans de service, dix-sept campagnes).

3° *Au grade de chevalier* :

MM. Lemoine, lieutenant à la compagnie de gendarmerie de la Gironde (vingt-huit ans de service, une campagne).

Sigalas, capitaine-adjudant-major au 38e de ligne (vingt ans de service, trois campagnes).

Max, capitaine au 8e de hussards (vingt-six ans de service, une campagne).

Massy, médecin major de 2e classe au 38e de ligne (vingt ans de service et six campagnes).

Constant, officier d'administration en premier, à Bordeaux (trente-quatre ans de service et huit campagnes).

Nogaret, lieutenant au recrutement de Lot-et-Garonne (dix-huit ans de service et deux campagnes).

Et conférer la médaille militaire aux militaires dont les noms suivent :

MM. Demoulin, maréchal-des-logis à la compagnie de gendarmerie de la Gironde (vingt-un ans de service).

Munsch, brigadier à la même compagnie (dix-neuf ans de service).

Cazet, gendarme à la même compagnie (vingt ans de service).

Cazanova, adjudant au 38e de ligne (dix-sept ans de service).

Goûté, sergent-major au 38e de ligne (onze ans de service).

Taillard, cavalier de 1re classe à la remonte (vingt deux ans de service).

De Kersaint-Gelly, maréchal-des-logis au 8e hussards (dix sept ans de service).

S. Em. Mgr le cardinal Donnet, en présentant à Leurs Majestés une très nombreuse députation du clergé de son diocèse, a prononcé le discours suivant :

« SIRE ,

» Le clergé de ce diocèse, par l'organe de son archevêque, est heureux de renouveler à Votre Majesté, l'hommage sincère de son respect et de son dévoûment.

» C'est avec une fierté toute française qu'il contemple le monarque dont la vaillante épée a élevé si haut la gloire du pays ; c'est avec bonheur qu'il salue la mère du Prince Impérial, et la noble souveraine qui sait si bien unir la fermeté de l'âme à la bonté du cœur, et qui, pen-

dant des jours difficiles , a porté si virilement la
sollicitude des affaires publiques.

» Sire, lorsqu'il y a huit ans, la ville de Bordeaux vous faisait un acceuil si plein d'enthousiasme, les voûtes de notre vieille basilique s'é-
branlaient aux acclamations de la foule. Nous
étions là, mes prêtres et moi, assistant avec joie
à ce qui nous semblait être comme le baptême
du nouvel Empire.

» Nous priâmes alors pour celui qui avait ar-
rêté le flot toujours montant des révolutions ,
qui avait raffermi au front de l'Eglise et du sa-
cerdoce l'auréole d'honneur qu'on voulait leur
ravir, et qui avait inauguré ses grandes desti-
nées en rendant au vicaire de Jésus-Christ sa
ville , son peuple et l'intégrité de sa puissance
temporelle.

» Aujourd'hui nous prions encore, Sire, avec
plus de ferveur, s'il est possible, pour que Dieu
vous fournisse les moyens , comme il vous en a
donné la volonté , de rester fidèle à cette politi-
que chrétienne qui fit bénir votre nom , et qui
est peut-être le secret de la prospérité et la
source des gloires de votre règne.

» Nous prions avec une confiance qui s'obs-
tine, avec une espérance que n'ont pu décou-
rager des événements déplorables et de sacrilé-
ges violences. Et le motif de cet espoir, dont la
réalisation semble aujourd'hui si difficile, après
Dieu, c'est vous, Sire, vous qui avez été, et qui
voulez être encore le fils aîné de l'Eglise ; vous
qui avez dit ces paroles mémorables : « La sou-
» veraineté temporelle du chef vénérable de
» l'Eglise est intimement liée à l'éclat du catho-
» licisme, comme à la liberté et à l'indépendance
» de l'Italie. » Belle pensée, conforme aux sen-

timents que professait le chef auguste de votre dynastie, lorsqu'il disait de la puissance tempo-relle des papes : « Ce sont les siècles qui ont » fait cela, et ils l'ont bien fait (1). »

» Hier, quand Votre Majesté mettait pour la première fois le pied dans la cité gracieuse qui a surgi comme par enchantement sur une plage jadis solitaire; quand on vous vit agenouillé dans un sanctuaire inachevé (2), asile béni, fer-mé aux bruits du monde et ouvert du côté du ciel pour recevoir les rosées qui en descendent, il semblait à tous que la patronne immaculée de ces lieux vous couvrait, ainsi que votre auguste compagne et votre fils bien-aimé, de sa mater-nelle protection.

»Vous acquitterez envers elle la dette de votre reconnaissance en ménageant un triomphe à son fils dans la personne de son vicaire. Ce triom-phe est digne de vous, Sire, il mettra un terme aux anxiétés du monde catholique qui le saluera avec transport. »

L'Empereur a répondu :

« Je remercie Votre Eminence des senti-
» ments qu'elle vient de m'exprimer. Elle
» rend justice à mes intentions sans mécon-
» naître néanmoins les difficultés qui les en-
» travent, et elle me semble bien compren-
» dre sa haute mission en cherchant à forti-
» fier la confiance plutôt qu'à répandre d'inu-
» tiles alarmes.

---

(1) Thiers. *Histoire du Consulat et de l'Empire.*
(2) Notre-Dame d'Arcachon.

» Je vous remercie d'avoir rappelé mes
» paroles, car j'ai le ferme espoir qu'une
» nouvelle ère de gloire se lèvera pour l'E-
» glise, le jour où tout le monde partagera
» ma conviction que le pouvoir temporel du
» saint-père n'est pas opposé à la liberté et
» à l'indépendance de l'Italie.

» Je ne puis ici entrer dans les dévelop-
» pements qu'exigerait la grave question que
» vous avez touchée, et je me borne à rap-
» peler que le gouvernement qui a ramené
» le saint-père sur son trône, ne saurait lui
« faire entendre que des conseils inspirés
» par un respectueux et sincère dévoûment
» à ses intérêts ; mais il s'inquiète avec rai-
» son du jour, qui ne saurait être éloigné, où
» Rome sera évacuée par nos troupes ; car
» l'Europe ne peut permettre que l'occupa-
» tion, qui dure depuis dix ans, se prolonge
» indéfiniment ; et quand notre armée se re-
» tirera, que laissera-t-elle derrière elle ?
» l'anarchie, la terreur ou la paix ? Voilà
» des questions dont l'importance n'échappe
» à personne ; mais, croyez-le bien, à l'épo-
» que où nous vivons, pour les résoudre, il
» faut, au lieu d'en appeler aux passions ar-
» dentes, rechercher avec calme la vérité et
» prier la Providence d'éclairer les peuples
» et les rois sur le sage exercice de leurs
» droits comme sur l'étendue de leurs de-
» voirs.

» Je ne doute pas que les prières de Votre

» Éminence et celles de son clergé ne con-
» tinueront à attirer sur l'Impératrice , mon
» fils et moi les bénédictions du ciel. »

L'Empereur a reçu ensuite le Consistoire is-
raélite de Bordeaux ; voici le discours prononcé
par M. Max , grand rabbin :

« SIRE,

» Les israélites de Bordeaux, comme ceux de la
France entière, sont bien heureux de vos triom-
phes, de votre gloire , de la puissante et généreuse
influence de votre pensée inspiratrice dans les
conseils du monde. Ils y voient l'application constante des grands et immortels principes de justice,
de liberté et de tolérance que nous avons eu
le bonheur d'entendre, il y a sept ans, proclamer
en ce lieu même par Votre Majesté ; aussi ne ces-
sons-nous pas d'enseigner aux générations qui s'é-
lèvent autour de nous, à appeler les faveurs et les
bénédictions divines sur vous, Sire, sur S. M.
l'Impératrice, qui confond dans sa sollicitude ma-
ternelle tous les enfants de la France ; sur S. A.
le prince Impérial, à qui Dieu réserve la noble
mission de continuer et de consolider un jour votre œuvre providentielle. »

L'Empereur a répondu :

« Je vous remercie, Monsieur le grand rabbin,
» des paroles que vous m'adressez au nom de
» vos coreligionnaires et de la manière dont
» vous appréciez mes efforts. »

S. M. l'Impératrice a daigné ensuite s'entre-
tenir avec le Consistoire, de la salle d'asile is-
raélite.

M. le préfet a présenté successivement par
son nom chacun des membres du conseil général à Leurs Majestés. L'Empereur a daigné té-

moigner au conseil général combien il avait été touché de l'adresse votée au commencement de la session dernière.

Sa Majesté ayant appris que les nombreuses députations des communes qui, malgré le mauvais temps, s'étaient portées hier d'une manière si spontanée à sa rencontre, s'étaient réunies pour La saluer, dans la cour de la Mairie, a daigné envoyer chercher S. A. le Prince Impérial et s'est rendue avec le jeune Prince et S. M. l'Impératrice sur le perron.

La cour de la Mairie présentait un spectacle indescriptible. — L'ordre avait été donné de faire défiler les députations devant Leurs Majestés; mais tous voulaient voir de plus près leurs bien-aimés souverains et contempler à loisir les traits si doux du jeune Prince. Les acclamations succédaient aux acclamations, et ce n'est qu'après bien du temps que le défilé a pu s'effectuer au milieu d'un enthousiasme unanime.

VISITE A L'EXPOSITION.

A une heure, Leurs Majestés se sont rendues à l'Exposition, en suivant les rues de l'Hôtel-de-Ville, Monbazon, Bouffard, la place Dauphine, les fossés de l'Intendance, la place de la Comédie, le côté ouest des allées de Tourny, le cours de Tournon et les Quinconces.

Leurs Majestés étaient en voiture de gala, à la Daumont.

Le cortége impérial était ainsi formé :

Deux piqueurs de la maison de Sa Majesté ;

Un peloton de hussards ;

L'Empereur et l'Impératrice ;

Sur le devant de leur voiture, S. Ex. le maréchal Niel et M. le général Fleury ;

Un piquet de cent·gardes ;

Quatre voitures de la cour où se trouvaient : les dames d'honneur, chambellans, aides-de-camp et officiers d'ordonnance de Leurs Majestés.

Le cortége était fermé par un peloton de hussards.

Une foule immense garnit toute la voie que doit parcourir le cortége : partout, à mesure qu'il avance, éclatent les mêmes transports, les plus enthousiastes acclamations ; les hommes lèvent leurs chapeaux en l'air, les dames agitent leurs mouchoirs, et les couronnes et les bouquets de fleurs pleuvent sur la voiture de Leurs Majestés.

Les fossés de l'Intendance et la place de la Comédie ont reçu une splendide décoration :

Au haut des fossés de l'Intendance, près de la place Dauphine, s'élève un arc de triomphe de l'aspect le plus grandiose.

C'est un monument d'un style sévère : il est surmonté par un groupe remarquable : la Paix, s'appuyant sur la force et la victoire, tend une couronne à l'Empereur. Au·dessous de ce groupe on lit l'inscription en lettres d'or : « A *Napoléon III* » Plus bas, une aigle d'or aux ailes éployées tient dans ses serres un liston portant le mot : « *Villafranca.* » Des deux côtés de délicieux enfants supportent des écussons aux armes·de Sa Majesté ; plus loin se trouvent les deux dates du départ de l'Empereur de Paris (10 *mai* 1859) et de la paix de Villafranca (12 *juillet* 1859). De riches trophées en relief s'élèvent adossés au·monument, qui est dû au pinceau infatigable de M. Salesses.

Le long des trottoirs des fossés de l'Intendance et tout autour de la magnifique place du Théatre sont disposés des mâts vénitiens blancs aux flèches d'or , pavoisés d'oriflammes vertes à l'*N* couronné ; ils supportent des étoiles qui seront illuminées ce soir , et des écussons à l'*N* d'or sur champ d'azur, surmonté de la couronne impériale , et entourés de drapeaux tricolores flottant au vent.

Entre chaque mât s'élèvent des cônes en verres blancs, qui le soir se changeront en spirales lumineuses.

Le milieu de la chaussée est éclairé par des lustres en verres qui produisent déjà le plus bel effet.

Chacun de nos lecteurs connaît le palais de l'Exposition élevé par les soins de la Société Philomathique sur la place des Quinconces, et les richesses agricoles et industrielles qu'il renferme. Tout le monde a pu admirer le caractère majestueux qu'a su donner à ce monument M. Berger, l'habile architecte.

Les figures qui couronnent le fronton sont dues à M. Coiffard, statuaire de notre ville ; elles représentent la Ville de Bordeaux distribuant des couronnes à l'Industrie et au Commerce assis à ses pieds.

Les galeries, surmontées des écussons des principales villes de France qui entourent la place, sont de l'effet le plus pittoresque, et la gerbe d'eau de l'hémicycle, en rompant la monotonie des lignes architecturales, enlève à l'ensemble du tableau ce qu'il pourrait avoir d'un peu trop sévère.

On arrive au palais de l'Exposition par une belle allée d'arbustes et de fleurs, et les bas-côtés de l'édifice sont ombragés par de jeunes pins.

La grande nef de l'Exposition et les annexes ont reçu une nouvelle décoration : des banderolles aux couleurs impériales (vert et or), des écussons aux armes de l'Empereur ou au chiffre de notre gracieuse souveraine, les couleurs nationales se mariant aux pavillons de toutes les nations du globe, reposent agréablement les yeux.

Leurs Majestés ont été reçues sous une élégante marquise, décorée d'un écusson aux armes impériales, par M. Alex. Léon, Président de la Société Philomathique, M. de Mentque, préfet de la Gironde, M. Soulié-Cottineau, secrétaire-général, et tous les membres de la Société Philomathique qui formaient la haie.

Tous les exposants étaient à leurs postes, à côté de leurs produits.

Une commission formée de quelques membres du comité d'exposition précédaient Leurs Majestés en éclaireurs; M. Alexandre Léon et M. le préfet accompagnaient Leurs Majestés pour leur donner les explications qu'elles pourraient désirer.

La visite a commencé par l'allée de gauche de la grande nef, par les appareils de télégraphie et de signaux électriques de M. Marqfoy, ingénieur de la compagnie des chemins de fer du Midi. — L'Empereur a daigné longuement interroger l'habile ingénieur sur ses précieuses inventions. — Arrivé devant l'exposition de M. James Jackson, fondateur de l'importante usine des aciéries de Saint-Seurin-sur-l'Isle, l'Empereur a décoré cet honorable industriel qui a introduit dans nos contrées un élément de richesses de plus en y

créant un des établissements métallurgiques de
premier ordre, en France.

L'Empereur s'est ensuite dirigé vers l'annexe
de gauche; Sa Majesté s'est arrêtée longtemps
devant les machines qui y sont exposées et sur
lesquelles elle a fait de nombreuses questions aux
exposants. — Les sommiers, les lits à bon mar-
ché ont également préoccupé Leurs Majestés,
qui se souviennent toujours de la classe peu ai-
sée, objet de leur constante sollicitude.

A la partie consacrée à l'agriculture, Leurs
Majestés ont daigné s'arrêter plusieurs fois, no-
tamment aux papiers exécutés avec une herbe
qui croît en Algérie et à l'exposition de la pépi-
nière centrale du gouvernement d'Alger.

Après avoir jeté un rapide coup d'œil sur les
machines et instruments agricoles exposés dans
la cour et sur les bois injectés, Leurs Majestés
ont traversé l'annexe de droite, et se sont rendues sous une galerie couverte, à la section des
machines en mouvement.

Leurs Majestés se sont arrêtées devant chacu-
ne de ces intéressantes machines qu'on dirait
douées d'intelligence.

Dans cette section, l'Empereur a daigné re-
mettre la croix de la Légion-d'Honneur à M.
Beaufils, l'habile fabricant de meubles de notre
ville, qui, fils de ses œuvres, par la persévéran-
ce de son travail et son honnêteté, a su s'éle-
ver de la modeste situation de simple ouvrier à
une des plus belles positions industrielles du
pays.

L'Empereur a également décoré M. Cabanes,
dont les ingénieux appareils de minoterie ont
longuement captivé l'attention de Sa Majesté
l'Impératrice, et M. Soulié-Cottineau, secrétai-

re-général de la Société Philomathique, qui, après avoir organisé les précédentes Expositions de la Société, a couronné son œuvre par la splendide exhibition qu'il nous est donné de contempler chaque jour.

Leurs Majestés ont successivement parcouru la grande nef et l'estrade où les porcelaines de Limoges et celles de M. Vieillard de Bordeaux, les magnifiques bronzes d'art, les splendides tapis d'Aubusson, l'ébénisterie de luxe, ont tour-à-tour attiré l'attention de nos Augustes Hôtes.

S. Em. le cardinal Donnet et un grand nombre de hauts fonctionnaires s'étaient réunis sur l'estrade, dans le salon formé par l'exposition de M. Beaufils, pour acclamer Leurs Majestés à leur passage.

Chacun se souviendra longtemps de la visite de Leurs Majesté, qui ont eu un mot gracieux pour chaque exposant, et ont daigné écouter avec le plus bienveillant accueil toutes les explications qu'on a désiré leur donner.

Il était près de quatre heures lorsque Leurs Majestés ont quitté notre Palais de l'Industrie.

FÊTE NAUTIQUE

offerte par

LA CHAMBRE DE COMMERCE

A

LEURS MAJESTÉS IMPÉRIALES

En sortant de l'Exposition, LL. MM. II. sont passées par le cours du XXX Juillet, la place de la Comédie et les fossés du Chapeau-Rouge. Toute cette voie est plantée de mâts vénitiens portant des oriflammes de couleurs variées et des écussons où l'ancre de la marine et le caducée du commerce sont surmontés de l'N impérial. A côté de la place Richelieu, près de la Bourse, se dresse l'arc de triomphe élevé par les soins de la chambre de commerce.

Ce monument, dû au crayon de M. Burguet, architecte de la ville, est d'un style sévère. — Il est couronné d'une figure allégorique représentant la Navigation : une femme dans une nef, tenant un caducée. — Sur le fronton on lit ces mots : « A Napoléon III, le commerce de Bordeaux. »

De riches trophées où les attributs de la ma-

rine et du commerce. se marient aux couleurs
nationales ornent les côtés de l'édifice.

Sur le quai vertical, à quelques pas de l'arc
de triomphe, s'élève un élégant pavillon vert et
or, d'où une estrade, qui s'avance jusque sur le
fleuve, permet aux augustes visiteurs de s'em-
barquer de plein-pied dans le bateau à vapeur
qui doit les porter.

Les quais ont reçu la même décoration que
les fossés du Chapeau-Rouge.

D'immenses préparatifs d'illuminations sont
faits pour le soir et toutes les maisons sont pavoisées.

Leurs Majestés ont été rejointes sous le pavillon d'embarquement par S. A. le Prince
Impérial, escorté d'un peloton de cent-gardes.
On avait conduit Son Altesse Impériale au Jar-
din-Public pendant que Leurs Majestés visitaient
l'Exposition.

M. Basse, vice-président de la chambre, et
président du tribunal de commerce, a adressé à
Leurs Majestés Impériales, le discours suivant :

« Sire,

» Il y a peu de temps, la chambre et le tribunal de commerce disaient cette vérité à Votre
Majesté, qu'elle donne à la France tous les bien-
faits et toutes les gloires.

» L'Empereur recueille aujourd'hui les té-
moignages les plus éclatants de l'affection des
populations reconnaissantes.

» Daignez, Sire, agréer les vœux que vous
exprime le commerce de Bordeaux dont vous
venez protéger les intérêts.

» Ces vœux, Sire, ont un caractère de sincé-
rité profonde.

» Madame,

» La France connaissait les éminentes vertus
de son Impératrice-Mère et Régente, Votre Majesté s'est montrée à l'Europe comme la digne
compagne du souverain dont la dynastie assure
l'avenir du pays.

» Daignez nous permettre, Madame, de dépo-
ser entre vos mains le témoignage de notre
profond et respectueux dévoûment pour l'Empereur, l'Impératrice et le Prince Impérial. »

Les expressions nous manquent pour décrire le magnifique spectacle que présentaient
les quais et le fleuve lors de l'embarquement de
Leurs Majestés.

Une foule innombrable se pressait étagée sur
les marches de la terrasse des Quinconces et
des quais; les fenêtres, les balcons, les terrasses
des maisons fournissaient des places au monde
élégant.

Les arbres des bas-côtés des Quinconces sont
garnis de gamins ; d'autres ont pris position
sur les toitures et les cheminées.

Tous les navires de la rade, rangés sur deux
lignes, sont pavoisés : les matelots sont montés
sur les hunes, sur les vergues. Il n'est pas jusqu'aux machines à mâter et aux grues placées
sur le quai qui n'aient été envahies et auxquelles
les curieux sont suspendus comme de véritables
grappes humaines.

Une immense acclamation de : *Vive l'Empereur ! vive l'Impératrice ! vive le Prince Impérial !* sorti à la fois de toutes les poitrines, lorsque Leurs Majestés se sont embarquées , est
venue couvrir le bruit des cloches, des musiques
et du canon.

C'est qu'il y a là plus de cent mille spectateurs qui participent à cette immense ovation, et nous ne saurions donner l'idée des frémissements électriques qui parcouraient ces masses compactes dans l'expression de leurs sentiments d'admiration, de reconnaissance et d'amour.

Le bateau à vapeur sur lequel Leurs Majestés Impériales sont montées a reçu une riche décoration : blanc, vert et or; il porte au grand-mât le pavillon impérial et est entièrement pavoisé : les tambours sont garnis de fleurs et d'arbustes; à l'avant un magnifique aigle d'or déploie ses ailes gigantesques. Ce bateau a reçu le nom de *Prince-Impérial* et est commandé par M. Mendousse, capitaine du port.

Le bateau impérial, qui porte la cour et les principales autorités du département et leurs femmes, les sénateurs, les députés, les membres de la chambre de commerce et de la municipalité de Bordeaux , est escorté par toute une escadrille de bateaux à vapeur :

C'est la *Princesse-Mathilde*, où sont placés les conseillers généraux , les sous-préfets et les principaux chefs de service du département avec plusieurs dames de notre ville ;

C'est le *Daniel-Guestier*, qui porte la fanfare de M. Rollet , et qui va faire retentir les échos de la Gironde de sa brillante harmonie.

C'est l'*Etoile-de-la-France* qui porte le Cercle des Régates dont tous les pavois flottent aux vents ;

C'est enfin le *Christian*, qui porte un nombreux public désireux d'accompagner Leurs Majestés. De nombreuses embarcations de canotiers avec leurs équipages en uniformes, des boaths de plaisance sillonnent le fleuve en tous sens à l'entour de l'escadrille impériale et saluent son passage qui de leurs avirons, qui de leur artillerie. L'équipage de l'Ecole des mousses (le brick le *Zèbre*) est debout sur ses vergues et acclame Leurs Majestés par de frénétiques vivats.

Le beau navire de M. Arman, le *Cosmopolite*, qui est le premier bâtiment de fort tonnage qui ait franchi la passe d'Arcachon (le 15 août dernier) a arboré d'immenses pavillons où on lit *Vive l'Empereur ! Vive l'Impératrice !*

En face des pittoresques coteaux de Lormont, la goëlette de la douane le *Léopard* est mouillée, ses matelots sur les vergues acclament l'Empereur. Un navire du commerce qui revient de Terre-Neuve, répète le même salut. Toutes les populations du littoral se sont portées sur le bord du fleuve pour saluer le passage de Leurs Majestés. A Lormont, une sorte d'arc de triomphe porte une inscription en lettres gigantesques : « *Au Sauveur de la France ! à Napoléon III !* » Tous les clochers qu'on aperçoit sont pavoisés des couleurs nationales ; partout éclatent des salves de mousqueterie.

Quoique la pluie soit venue un peu contrarier l'excursion, elle n'en a pas moins été une magnifique ovation pour l'Empereur, et d'ailleurs le but utile qu'avait eu Sa Majesté, en acceptant la fête de la Chambre de Commerce, aura été rempli.

De même qu'à Arcachon, l'Empereur a voulu se rendre compte des améliorations qu'il était possible d'apporter à l'entrée du bassin ; de même sur la Gironde, Sa Majesté a désiré juger par elle-même la question, si importante pour l'avenir de la place de Bordeaux, de l'améliora-

tion des passes de la Gironde et du port de notre cité.

La Garonne, au-dessous de Bordeaux, présente successivement des parties profondes,
des mouillages et des hauts-fonds ou barres.
Les barres se trouvent toujours dans les en-
droits où la largeur de la rivière est excessive ;
leur profondeur, à mer basse, varie de 1 mètres
20 cent. à 2 mètres ; elles gênent beaucoup la
navigation, parce que les navires ne peuvent
pas les franchir à toute heure de la marée.
Les travaux projetés ont pour but de les faire
disparaître.

Il y a quelques années, les trois plus mauvai-
ses barres étaient celles de Bassens, Montferrand et du Bec-d'Ambès.

La barre de Montferrand a disparu au moyen
des travaux qui viennent d'être exécutés par
MM. les ingénieurs des ponts et chaussées, sous
l'habile direction de M. Droëling, ingénieur en
chef du département, et qui consistent en une
digue longitudinale submersible qui ferme un
des bras de la rivière et ne lui laisse que sa largeur normale : au lieu de 1 mètre 20 c. de profondeur à mer basse, on a obtenu 4 mètres.

Des travaux analogues sont projetés pour les
passes de Bassens et du Bec-d'Ambès.

A Bassens, les travaux consistent dans une
digue longitudinale destinée à resserrer la rivière et à lui donner sa largeur normale, en
rectifiant une anse très concave qui se trouve
sur la rive droite; ces travaux sont estimés
1,200,000 fr.

Au Bec-d'Ambès, le projet comprend une digue en prolongement de la pointe qui sépare la
Garonne de la Dordogne et en un barrage sub-

mersible qui fermera le bras de Macau ; ces travaux sont estimés 700,000 fr.

Les terre-pleins du port, le long des quais des Chartrons et de Bacalan, sont tout à fait insuffisans pour le mouvement des marchandises ; ils n'ont moyennement que 20 mètres, y compris la chaussée, qui déjà occupe 10 mètres ; de plus, les quais actuels sont insuffisants pour donner place aux services réguliers des bateaux à vapeur qui font le grand cabotage, et dont le nombre augmente continuellement. Un projet a été dressé pour remédier à ces inconvénients. Il consiste dans l'élargissement des terre-pleins, le long des quais des Chartrons et de Bacalan, sur une longueur de 1,800 mètres ; ils seraient portés à une largeur uniforme de 40 mètres ; on laisserait subsister sur cette longueur le système de cales inclinées qui y existent maintenant. Mais, entre ces cales, on construirait deux quais verticaux de 207 mètres de longueur chacun, destinés aux services réguliers des bateaux à vapeur.

Ces travaux sont estimés 4,500,000 fr.; et en même temps qu'ils seraient fort utiles, ils constitueraient un des plus notables embellissements du port de Bordeaux.

Tels sont les travaux projetés et dont l'Empereur a voulu se rendre compte.

Arrivé au Bec-d'Ambès, une élégante manœuvre, annoncée par un coup de canon, s'est exécutée : les bateaux à vapeur composant l'escadrille ont fait une évolution à droite et à gauche du *Prince-Impérial*, de façon à l'entourer, et à marcher presque de front avec lui; et tandis qu'une collation délicate était offerte aux invités de la chambre de commerce, la musique placée à bord d'un des vapeurs faisait retentir l'air de ses brillantes fanfares.

Le retour vers Bordeaux a été aussi splendide que le départ, quoique la marée en ait avancé l'heure et n'ait pas permis à la nuit de donner aux illuminations préparées tout leur éclat. — C'est que la partie vivante de la fête est toujours là; c'est que cette foule innombrable qui a acclamé l'Empereur à son départ est encore là pour saluer son retour, toujours avide de la présence de Leurs Majestés.

Le temps et l'espace nous manquent pour vous décrire les feux d'artifice tirés au passage de l'Empereur, à bord des navires français et étrangers, les feux du Bengale qui donnent un aspect fantastique aux coteaux et aux chantiers de construction de Lormont, et au château de M. Beaufils, d'où s'élève dans les airs un magnifique bouquet d'artifice.

C'est au son des cloches de tous les navires de la rade, aux mille acclamations de la foule, aux accords de la musique militaire que Leurs Majestés mettent pied à terre.

Il est impossible de se faire jour au travers de la foule qui se presse sur leur passage, et c'est à peine si les chevaux de l'escorte peuvent avancer et frayer le chemin aux voitures de la cour, qui sont précédées de piqueurs portant des torches enflammées.

Cette partie de la ville est ruisselante de lumières. Un cordon de feu entoure la Bourse, la Douane ; le pavillon élevé pour l'embarquement de Leurs Majestés est garni d'un triple rang de lanternes vénitiennes aux mille couleurs; à l'hôtel de la Préfecture jaillissent en lettres de feu les chiffres de Leurs Majestés, des aigles, des couronnes impériales. — Toutes les maisons particulières sont illuminées, et déjà le Grand-Théâtre s'éclaire pour le bal que Leurs Majestés vont honorer ce soir de leur auguste présence.

BAL

au

GRAND-THÉATRE.

Les fossés de l'Intendance resplendissent de mille feux et l'aspect produit rappelle ces belles illuminations des Champs-Elysées aux grands jours des solennités publiques à Paris.

Les spirales de verres blancs placés entre les mâts vénitiens, les lustres suspendus dans l'air, les étoiles qui scintillent brillantes au-dessus du chiffre impérial, forment un ensemble qui se continue jusque devant le Grand-Théâtre.

On l'a dit quelque part : il n'y a en France qu'une salle de théâtre, et cette salle c'est l'œuvre du célèbre Louis, c'est le théâtre de Bordeaux.

Lorsque, en effet, on arrive devant ce splendide monument, on est merveilleusement étonné : ses douze colonnes d'ordre corinthien, sa frise couronnée des neuf Muses et des trois Grâces, son péristyle avec ses caissons si merveilleusement fouillés de sculptures, ses façades latérales avec leurs arceaux à pleins cintres, font l'admiration de tous, et l'ensemble est encore bien plus grandiose lorsque, comme aujourd'hui, ses belles lignes architecturales se dessinent en traits de feu.

Le vestibule, la coupole qui le surmonte, le
double escalier, rappellent par leur style et la
splendeur de leurs proportions la majesté des
palais antiques.

Ils ont reçu une décoration pleine de grâce et
de fraîcheur : du milieu de massifs de verdure et
de fleurs les plus suaves et les plus rares, jaïl-
lissent deux fontaines dont le doux murmure
repose agréablement des voix formidables de
l'orchestre qui tonne dans la salle ; deux jets
d'eau s'irisant sous le feu des rampes de gaz
et de milliers de bougies retombent en pluie de
pierres précieuses.

Quant à la salle de spectacle tout le monde
sait combien les colonnes élégantes qui sépa-
rent les loges, les balustres, le plafond allégorique, les dorures semées à profusion, le lustre
splendide, forment une admirable disposition.

Devant la colonnade on a placé un pavillon en
damas rouge à crépines d'or supporté par deux
mâts terminés par les croissants de Bordeaux.

Entre les colonnes brillent des N lumineux
surmontés de la couronne impériale.

Les galeries ont été continuées sur la scène
par d'élégants gradins et le fond de la salle où
se trouve l'orchestre est une immense serre vi-
trée.

La loge impériale est magnifique : le sceptre et
la main de justice soutiennent une tenture de
velours cramoisi à crépines d'or ; au dessus
plane l'aigle impérial. On descend de cette
loge dans la salle par un escalier au pied
duquel deux cent-gardes en grande tenue, l'ar-
me au pied, se tiennent immobiles comme de
gigantesques cariatides.

Je n'essaierai pas de donner une idée de la foule qui s'est rendue au bal. Tout Bordeaux était là et on connaît le luxe des toilettes déployées dans notre cité.

Jusqu'après le quadrille officiel on n'a laissé arriver dans la salle que des dames, et à l'exception des commissaires du bal et des fonctionnaires en uniforme, tous les hommes ont dû se placer dans les galeries supérieures; aussi la salle, avec les toilettes splendides des dames, les diamants qui étincellent partout, la gaze, les velours, le satin, la pluie de lumières qui tombe sur les épaules nues, forme-t-elle un magique spectacle.

A dix heures, Leurs Majestés sont arrivées en voiture de gala.

Elles ont été reçues sous le péristyle par le maire, les adjoints et les commissaires du bal, pris dans l'élite de la société bordelaise. Chaque commissaire porte à la boutonnière une rosette vert et or.

Au moment où Leurs Majestés sont entrées dans la salle, tout le monde s'est levé et un immense cri de : *Vive l'Empereur! Vive l'Impératrice!* a retenti dans la salle, et l'orchestre conduit par Massip, le Strauss bordelais, a exécuté l'air de la *Reine Hortense*.

L'Empereur est en uniforme de lieutenant-général avec le grand cordon de la Légion-d'Honneur.

S. M. l'Impératrice porte un magnifique diadème en brillants où se dessine une grecque en rubis. Ce diadème est surmonté du plus beau diamant de la couronne, le Régent, dont Sa Majesté ne se pare que dans les circonstances solennelles.

Sa Majesté est vêtue d'une robe de tulle blanc
à semis de paille, dont le corsage, retenu par des
agrafes de brillants, est orné, ainsi que la seconde jupe, d'une grecque rouge semblable à celle
du diadême.

Les trois dames d'honneur de Sa Majesté ont
d'élégantes toilettes roses ; deux d'entre elles
portent à l'épaule le chiffre de Leurs Majestés
en diamant surmonté de la couronne impériale.

Les aides-de-camp, chambellans et officiers
d'ordonnance de Leurs Majestés sont en grand
costume de cour.

Après avoir pris les ordres de l'Empereur, un
maître de cérémonies donne le signal et l'orchestre se fait entendre.

Tout le monde s'est levé et le quadrille officiel a commencé.

Il était ainsi formé :

L'Empereur et Mme Gautier, belle-fille du
maire ;

L'Impératrice et M. Gautier, maire de Bordeaux ;

S. Exc. le maréchal Niel et Mme de Mentque ;

Le général Fleury, aide-de-camp de l'Empereur, avec Mme de Tartas ;

Le général de Tartas avec Mme la comtesse de
La Bedoyère, dame d'honneur de l'Impératrice ;

M. de Mentque, préfet de la Gironde, avec
Mme la marquise de Cadore, dame d'honneur de
l'Impératrice ;

M. le marquis de Toulongeon, aide-de-camp
de l'Empereur, avec Mme la vicomtesse de Borrelli ;

M. Basse, vice-président de la chambre de

commerce, avec Mme la baronne de La Poëze, dame d'honneur de Sa Majesté.

Après avoir vu danser quelques quadrilles, Leurs Majestés ont fait le tour de la salle, et partout sur leur passage elles ont été accueillies par les plus chaleureuses acclamations.

Il était près de minuit lorsque Leurs Majestés se sont retirées.

Le bal s'est prolongé fort avant dans la nuit.

Pendant que cette splendide fête avait lieu au théâtre, des fêtes populaires étaient offertes à la population. Des spectacles gratuits étaient donnés au théâtre Français et à celui des Folies-Bordelaises ; des danses étaient organisées dans le palais de la Bourse; de brillantes illuminations décoraient la ville, et un feu d'artifice était tiré sur le pont de Bordeaux.

DÉPART

DE LEURS MAJESTÉS.

BORDEAUX, 12 OCTOBRE 1859.

Ce matin, à neuf heures et demie, LL. MM. Impériales ont quitté le palais municipal accompagnées de leur suite, en voitures à la Daumont. Elles étaient escortées par un peloton de cent-gardes.

Leurs Majestés se sont rendues à la gare d'Orléans, en suivant la rue Bouffard, la place Dauphine, les fossés de l'Intendance et du Chapeau-Rouge, les Quais et le Pont.

Une foule immense se pressait sur leur passage et les a saluées comme à l'arrivée des plus vives acclamations.

Des mâts vénitiens étaient installés à la Bastide tout le long du parcours.

M. Le Rouzic, maire de la commune, à la tête de son conseil municipal, attendait Leurs Majestés sur le perron de la gare. La haie était formée par les membres des sociétés de secours mutuels de La Bastide; nous avons compté quatre bannières; la compagnie des sapeurs-pompiers de cette commune était en bataille, sa musique était à l'intérieur de la gare.

Les principales autorités de Bordeaux et du département attendaient Leurs Majestés.

Avant de partir, l'Empereur a remis la croix d'officier de la Légion-d'Honneur à M. Basse, vice-président de la chambre et président du tribunal de commerce de Bordeaux, et à M. Arman, député, l'habile constructeur maritime, aussi membre de la chambre de commerce.

L'Empereur a également décoré de sa main M. Vermeil, ancien officier du premier Empire, médaillé de Saint-Hélène.

Sa Majesté à remis à M. le préfet une somme de 30,000 fr., a répartir ainsi qu'il suit :

10,000 fr. au bureau de bienfaisance de Bordeaux ;

10,000 fr. à l'église d'Arcachon ;

4,000 fr. aux sociétés de secours mutuels de la Gironde ;

2,000 fr. à la société des médaillés de Sainte-Hélène ;

1,000 fr. aux Petites-Sœurs des pauvres ;

2,000 fr. à divers orphelinats et œuvres de bienfaisance de la ville ;

1,000 fr. aux enfants placés sous le patronage de Leurs Majestés.

Enfin à Bordeaux comme à Arcachon Leurs Majestés ont laissé les plus nombreux souvenirs de leur munificence.

A dix heures vingt minutes, le train Impérial a quitté la gare de Paris aux mille acclamations de la foule.

Bien des fêtes sans doute ont eu lieu dans notre antique cité bordelaise, mais aucune certainement n'a laissé le souvenir d'acclamations plus unanimes, d'un accueil plus enthousiaste.

87

www.ingramcontent.com/pod-product-compliance
Lightning Source LLC
LaVergne TN
LVHW022035080426
835513LV00009B/1051